AF337518

CINQVANTE ET QVATRE DEMANDES DV R. P. COTON PREDICATEVR du Roy, de la Compagnie de IESVS.

Au Sieurs du Moulin, Montigni, Durand, Gigord, Soulas, & autres Ministres de la Religion pretenduë reformée.

Enuoyées audit Sieur du Moulin par deux Gentils-hommes de la Cour, auec vne lettre d'iceux.

Le tout pour duplique peremptoire à sa pretendue response des 24. demandes du mesme P. Coton.

A PARIS,
Par ANTHOINE GAILLARD,
à la ruë Mont-orgueil, 1609.

Celuy qui demeure ferme en son cœur, & n'a point
de necessité, mais à puissance sur sa propre volonté,
& a arresté cela en son cœur de garder sa vierge, il
fait bien. 1. Cor. 7. v. 37.

3.

Que les enfans se peuuent sauuer par la seule foy des pa-
rens sans estre baptisez, & pourtant que le baptesme n'est de
necessité absolue.

Contre ce qui est escrit.

S'il y à quelqu'vn qui ne soit regeneré de l'eau &
de l'esprit, il ne peut entrer au Royaume de Dieu.
I. 3. v. 5.

Il nous à sauuez par le lauement de regeneration,
& renouuellement du S. Esprit. A Tite. chap. 3. v. 5.

4.

Qu'il ne faut baptiser qu'a la presche.

Contre ce qui est escrit.

Adonc Ananie s'en alla, & entra en la maison, &
luy imposant les mains, &c. puis il se laua, & fut ba-
ptisé. Actes chap. 9. v. 17. & 18.

Et tous deux descendirent en l'eau, Philippe, &
l'Eunuque, & il le baptiza. Act. 8. v. 36.

5.

Que le pain de la Cene est la figure du corps de Iesus-
Christ.

Contre ce qui est escrit.

Le pain que ie vous doneray est ma chair, laquelle ie donneray pour la vie du monde. Ioan. 6. v. 51.

Prenez mangez, cecy est mon corps. Math. chap. 26.
v. Marc chap. 14. v. 22. Luc chap. 22. v. 17. 1. Cor.
11. v. 14.

Que

LETTRE DE DEVX GENTILS-HOMMES DE LA COVR.

A Monſieur, Monſieur du Moulin, Miniſtre de la parole de Dieu, &c.

MONSIEVR,
Ce que le Capitaine doit à ſes ſoldats, le Maiſtre à ſes Eſcholiers, le Pere de famille à ſes enfans, le Nocher à ſon vaiſſeau, le Paſteur à ſa bergerie : Vous le deuez à nos ames racheptees par le ſang tres-precieux du Paſteur eternel, lequel pour ceſte fin vous à commis la charge que vous tenez en ſon Egliſe. Nous voicy donc à vos pieds, pour n'aller à la pantouffle du Pape ; c'eſt Monſieur à l'occaſion de voſtre imprimé, contre les demandes du Ieſuiſte Coton. Car eſtant ces iours paſſez en bonne compagnie, où nous exaltions vos œuures, il nous fut maintenu, que vous n'auiez en rien ſatisfaict aux demandes dudit Cotó : parce que, diſoit vn Papiſte, il eſtoit queſtion de citer les textes de l'Eſcriture, reſpondans collateralement à ſes demandes, & non de diſcourir, vſer de ſornettes, & recriminations, comme vous auiez faict : & d'autant qu'il en cuida ſuyure vne querelle, nous priſmes en main ſur l'heure voſtre-dict imprimé, le leuſmes, & releuſmes attentiuement, pour en extraire les paſſages que l'on nous demandoit, les confronter, & cotter vis à vis de chaſque demande, ainſi que nous l'ations promis. Or ie proteſte, que quand nous euſſions deu y perdre les yeux, nous n'euſſiós ſçeu y apporter plus de diligence que nous fiſmes. Et neant-

A 2

moins nous voila vuides de response, & plains de
confusion. Car certes il faut aduoüer, que nous ne
peusmes iamais trouuer aucun passage de l'Escriture
en tout vostre Traicté, qui respondit à la chose qui
vous estoit proposee. Ce qui nous mit d'autant plus
en cholere, que le Catholique Romain tira à l'instāt
de sa poche vn cayer, où estoient marquez distincte-
mēt les textes formels de l'Escriture, contraires aux
maximes de nostre Religion. Et en le tirant il nous
dict: Voyla la duplique venuë à la replique de vostre
sieur du Moulin. Croyez que s'il ne faict meilleure
farine à ce coup, vous aurez perdu par deux fois vostre mouture. En ce papier ie vous consigne ma
creance, & vous iure, que si luy ou aucun autre de
vos Ministres y peut respondre, i'iray à la presche le
Dimanche suyuant. Mais ie requiers, que si la parole de Dieu vous manque, vous manquiez à eux, & à
leur Eglise. Nous l'acceptames, ne pouuant faire autrement auec nostre homme, & partant nous le vous
enuoyons, & vous supplions au nom de Dieu, & par
tout le zele que vous deuez à son Eglise, & au salut
de nos ames, d'y respondre au plustost, non par aucun discours, mais par la seule Escriture, citant sur
chascune demande, autant de textes, pour la negati-
ue, que luy pour l'affirmatiue: N'estant pas croyable
combien nos gens demeurent estonnez d'ouyr par-
ler les Catholiques, comme nous faisons autresfois,
& de se voir battre maintenant des armes, que nous
auons iusques icy estimé fauorables à nostre refor-
mation: car ils crient tout haut, & à tous propos
qu'ils veulent la parole de Dieu, & non celle des
hommes, qu'ils reiettent la nostre, puis que nous re-
ietton

ons celle des Peres; qu'ils ne nous lerront en re-
, iusques à ce que nous leur ayons donné texte
rtexte, passage pour passage, Escriture pour E-
ure, auec la mesme euidence, force & clarté: &
des maintenant,comme des-lors,ils s'inscriuent
faux contre nous, autant de fois que nous alle-
erons l'Escriture,si presentement on ne respond à
ns propositions. C'est donc à vous Monsieur,d'o-
rce scandale de deuant nos yeux, & la pierre d'a-
opement de deuant nos pieds, nous secourir au
loin,& fournir à nos ames leur vraye nourriture,
iest la parole de Dieu, autrement nous vserons
rostre endroict des paroles de Ioab,parlant à Da-
d.Que si vous ne sortez, vn seul ne demeurera
cvous, & ce sera vn mal pire que tous les maux
inous sont arriuez despuis vostre ieunesse. Et n'e-
nez pas que vostre plume se puisse employer, ou
vtilement,ou plus necessairement qu'à ce coup,
porte droict au cœur de nostre religion, & qui
t consequemment fatal, & mortel, si vous n'y
zpromptement,comme il faut, & comme nous
en supplions, en qualité de vos tres-affection-
avous faire seruice.   D. M. D. C.

CINQVANTE ET QVATR

demandes du R. P. Coton, Predicateur du
Roy, de la Compagnie de Iesus.

Que les Sieurs du Moulin, Montigni, Durand,
gord, du Soulas, & autres Ministres de la Religion pretenduë reformée, nous mon-
strent par la pure parole de Dieu.

1.

Qu'il n'y à que deux Sacremens en l'Eglise
Chrestienne.

Ontre les Luthetiens, qui adiouster
luy de Penitence: contre les Anglo
recognoissent celuy de Confirmati
contre les Catholiques, qui outre
presme, & l'Eucharistie en prennent cinq, par l
sages de l'Escriture incerez en ce lieu.

2.

Que par la cheute d'Adam nous ayons perdu
arbitre.

Contre ce qui est escrit.
Si tu fais mal, le peché sera soudain à ta
Mais dessous toy sera tó appetit, & tu auras se
rie sur luy. Gen. 4. v. 7.

I'ay mis deuant toy la vie & la mort, la
ction, & la malediction. Choisis donc la vie
tu viues, toy & ta posterité. Deut. 30. v. 19.

8

6.

Que l'Eglise peut errer.

Contre ce qui est escrit.

L'Eglise du Dieu viuant est la colomne, & l'a
puy de verité. 1. à Tim. chap. 3. v. 15. S'il n'escou
l'Eglise, tiens le comme vn Payen & peager. Matt
18. v. 17.

7.

Qu'il ne faut receuoir aucunes traditions.

Contre ce qui est escrit.

Parquoy freres demeurez fermes, & retenez
traditions qu'auez apprins, soit de parole, ou par
stre Epistre. 2. Thess. 2. v. 15.

8.

Qu'il ne se faut tenir à la determination des Concil

Contre ce qui est escrit.

Eux doncque Paul, & Silas, passans par les v
les instruisoient de garder les ordonnances de
tées par les Apostres, & par les Anciens de Ierusa
Act. chap. 16. v. 4.

Il a semblé bon au sainct Esprit, & à nous.
chap. 15. v. 29.

9.

Que les Saincts en gloire ne peuuent ouyr nos prier

Contre ce qui est escrit.

Que le Patriarche Abraham entendit la voi
la priere du riche glouton, en S. Luc 16. desp
verset 23. iusques au 31.

Et au 2. des Chroniques chap. 21. v. 12
lettres luy furent apportées de la part d'H
Prophete, ausquelles estoient telles pa
&c.

10.

Qu'ils ne prient point pour nous.

Contre ce qui est escrit.

Que les phiolles d'or pleines de parfuns, deuant le throsne de l'Agneau, sont les prieres des Saincts. Apoc. chap. 5. v. 8.

11.

Que Iesus-Christ n'est point descendu aux lieux plus bas de la terre pour en tirer les ames des Peres.

Contre ce qui est escrit.

Estant monté en haut il mena grande multitude de captifs, & a donné dons aux hommes. Or ce qu'il amonté, qu'est-ce sinon, que premierement, il estoit descendu ez parties plus basses de la terre. Eph. ch. 4. v. 8. & 9.

12.

Qu'il ne faut confesser son peché qu'à Dieu seul.

Contre ce qui est escrit.

De quiconque vous remettrez les pechez, ils seront remis, de quiconque vous les retiendrez, ils seront retenus. Ioan. 20. v. 23.

Plusieurs de ceux qui auoient creu venoient confessans, & declarans ce qu'ils auoient faict (au Syriaque leurs pechez.) Act. chap. 19. v. 18.

Ie vous dis en verité, que tout ce que vous lierez sur terre, sera lié sur les Cieux, & tout ce que vous deslierez sur terre, sera deslié sur les Cieux. Matth. chap. 18. v. 18.

13.

Que la foy seule iustifie.

Contre ce qui est escrit.

Quand i'aurois toute la foy, tellement que ie tras-

portaſſe les môtaignes, & que ie n’aye point de cha
rité,ie ne ſuis rien. 1. Corin.ch. 13. v. 2.

Voyez vous pas que l’homme eſt iuſtifié par le
œuures ; & non par la foy ſeulement. Car ainſi qu
le corps eſt mort ſans l’eſprit, ainſi la foy qui eſt ſan
œuure,eſt morte. Iac.chap. 2. v. 24. & 26.

14.

Qu’il n’y a point de iuſtice, d’œuures euangeliques.
Contre ce qui eſt eſcrit.
Le iuſte viura en la iuſtice qu’il aura operé. Ezec
chap. 18. v. 22.

Ceux qui oyent la loy ne ſont pas iuſtes deua
Dieu, mais ceux qui ſont la loy ſeront iuſtifiez ,
l’homme eſt iuſtifié par les œuures. Iac.chap. 2. v.

15.

Que quand la coulpe du peché eſt effacé,la peyne
auſſi.

Contre ce qui eſt eſcrit.
Apres que le peché t’eſt remis , ne ſois ſans cra
te. Ecc. chap. 5. v. 5.
Les gaiges du peché,c’eſt la mort. Rom. cha
v. 23.

16.

Que Dieu n’a point crée les hommes à pareille condit
mais qu’il en a crée aucuns pour eſtre ſauuez,les autres
eſtre perpetuellement damnez: paroles de Caluin. 3. des
ch. 21. § 5.

Contre ce qui eſt eſcrit.
Il a crée toutes nations pour eſtre , & toutes
capables de ſalut. Sap.chap. 1. v. 12. & 13.
Ie ne veux point la mort de celuy qui meurt d
Seigneur, conuertiſſez vous donc , & viuez. Ez
ch

chap.18.v.32.

Dieu veut que tous soyent sauuez, & viennent à la cognoissance de verité. 1. Tim. chap. 2. v. 3. & 4.

Dieu est patient enuers tous, & ne veut que personne perisse. 2. Petr. chap. 3. v. 9.

17.

Que Dieu ne permet pas le peché, mais qu'il le veut aussi.

Contre ce qui est escrit.

Tu n'es pas vn Dieu qui vueille l'iniquité. Psal. v. 5.

Quand quelqu'vn est tenté, qu'il ne die point, ie suis tenté de Dieu: Car Dieu n'est point tentateur de maux, & il ne tente personne. Iac. chap. 1. v. 13.

18.

Que l'Escriture est facile à entendre, & que l'intelligence est donnée à tous.

Contre ce qui est escrit.

Nostre bien aymé frere Paul vous en a escrit, selon la sapience, qui luy a esté donnée, comme celuy en toutes ses Epistres parle de ces poincts, entre lesquels il à des choses difficiles a entendre, que les ignorants, & mal asseurez tornent, comme aussi les autres escritures, à leur perdition. 2. Pet. chap. 3. v. 16.

19.

Que tous les pechez sont mortels.

Contre ce qui est escrit.

Toute iniquité est peché, mais il y à quelque peché qui n'est point mort. Iac. chap. 5. v. 17.

20.

Que les Anges ne prient pour nous.

Contre ce qui est escrit.

Adonc l'Ange de Dieu reſpondit,& dit : Dieu de
armées iuſques à quand n'auras-tu point compaſſio
de Hieruſalem , & des villes de Iuda,contre leſquel
les tu as eſté indigné , ceſte-cy eſt la ſoixante dixieſ
me année. Zach.chap.1.v.12.

21.

Qu'ils ne nous cognoiſſent point en particulier.
Contre ce qui eſt eſcrit.

Quant tu priois auec larmes, ie preſentois to
Oraiſon à Dieu. Tob. chap.12.v.12.

Ainſi vous diſie qu'il y aura ioye deuant les A
ges de Dieu, ſur le pecheur qui fera penitence.
Luc chap.15. v.10.

22.

Que nos œuures ne ſeront point examinées par le feu
Contre ce qui eſt eſcrit.

Le feu eſprouuera qu'elle ſera l'œuure d'vn c
cun. 1. Cor. chap.3.v.13.

23.

Qu'il eſt impoſſible de garder les commandemens de
meſmes auec ſa grace.

Contre ce qui eſt eſcrit.

Ie mettray mes eſprits au milieu de vous, &
que vous cheminerez en mes commandeme
que vous garderez mes ordonnances , & les
Ezech.chap.36. v 27.

Mon ioug eſt ſuaue , & ma charge legere. M
chap.11. v.30.

Ie peus tout en celuy qui me fortifie. I
chap.iv. 13.

Ceſte eſt la charité de Dieu,que nous gardi
commandemens , & ſes commandemens n

point pesans. 1. Ioan. chap. 5. v. 3.

24.

Qu'il n'y à point de distinction de beatitude entre les bien-heureux & qu'ils sont tous esgaux en gloire.

Contre ce qui est escrit.

En la maison de mon Pere il y a plusieurs demeu-rances. Ioan. chap. 16. v. 27.

Autre est la gloire du Soleil, autre est la gloire de la Lune, & autre la gloire des Estoilles : car vne E-stoille est differente de l'autre Estoille en clarté: il en sera ainsi de la resurrection des morts. 1. Cor. chap. 15. v. 40. 41. 42.

25.

Qu'il ne faut point d'imposition de mains sur le peuple pour le confirmer en la foy.

Contre ce qui est escrit.

Quand les Apostres qui estoient en Hierusalem eurent entendu que Samarie auoit receu la parole de Dieu, ils leur enuoyerent Pierre & Iean, lesquels estât là descendus, prierent pour eux à fin qu'ils receussent le S. Esprit. Car il n'estoit encores point descendu sur aucun d'eux, mais seulement ils estoient baptizés au nom du Seigneur Iesus, puis ils leur imposerent les mains, & ils receurent le S. Esprit. Act. chap. 8. v. 14.

Parquoy delaissant la parole qui donne commé-cement de Christ, tendons à la perfection, ne mettât point derechef le fondement de repentence des œuures mortes, & de la foy de la Doctrine des Ba-ptesmes, & de l'imposition des mains, de la resurre-ction des morts, & du iugement eternel. Hebr. chap. 6. v. 1. & 2.

26.

Qu'il ne faut appliquer l'vnction Sacramentale aux malades.

Contre ce qui est escrit.

Y a-il quelqu'vn d'entre vous malade, qu'il appelle les Prestres de l'Eglise, & qu'ils prient sur luy, & qu'ils l'oignent d'huille au nom du Seigneur, & le Seigneur l'allegera, & s'il est en pechez, ils luy seront remis. Iac. chap. 5. v. 14. & 15.

27.

Que la priere pour les mort n'a point esté en vsage en l'ancienne Eglise.

Contre ce que nous lisons.

Aux Machabées (liures qui sont moins veritables, & desquels S. Augustin dit, que non pas les Iuifs, mais l'Eglise les tient pour canoniques, liure dix-huictiesme de la Cité de Dieu. ch. 36. lib. 16. 2. chap. 12. v. 46.) C'est donc vne saincte, & salutaire pensée de prier pour les trespassez, à ce qu'ils soient desliez de leurs pechez.

28.

Que sainct Piere n'a point esté le premier des Apostres.

Contre ce qui est escrit.

Les noms des douze Apostres, sont ceux cy. Le premier, Simon dict Pierre. Matth. chap. 16. v. 2.

29.

Que Iesus-Christ ne luy ait pas donné sa Lieutenance sur terre.

Contre ce qui est escrit.

Or apres qu'ils eurent disné, Iesus-Christ dict à Simon Pierre. Simon fils de Iona, m'aymes-tu? Ouy
vra

vrayement Seigneur, tu sçais que ie t'ayme. Il luy
dict, Pais mes aigneaux. Il luy dict encore, Simon fils
de Iona, m'aymes-tu ? il luy respondit, ouy vrayemét
Seigneur, tu sçais que ie t'aime. Il luy dict, Pais mes
aigneaux. Il luy dict pour la troisiesme fois, Simõ fils
de Iona, m'aymes-tu ? Pierre fut contristé de ce qu'il
luy auoit dit, pour la troisiesme fois m'aymes-tu,
parquoy il luy respondit : Seigneur tu sçais toutes
choses, tu sçais que ie t'ayme. Iesus luy dit, Pais mes
brebis. Ioan. chap. 21. v. 15. 16. & 17.

30.

Que la foy de Pierre peut faillir.

Contre ce qui est escrit.

Simon, Simon, voila que Sathan a demandé in-
stamment à vous cribler, comme le bled : mais i'ay
prié pour toy, que ta foy ne defaille. Et quand quel-
quefois tu seras conuerty, confirme tes freres, Luc.
chap. 22. v. 31. 32.

31.

*Que Iesus-Christ ne luy a point donné les clefs du Royau-
me des Cieux, plus particulierement qu'aux autres Apostres.*

Contre ce qui est escrit.

Et ie te dy aussi que tu és Pierre, & sur ceste pierre
i'edifieray mon Eglise, & les portes d'enfer n'auront
point de force à l'encontre d'elle. Et ie te donneray
les clefs du Royaume des Cieux, & ce que tu auras
lié en terre, il sera lié és Cieux. Et ce que tu auras deslié en terre, il sera deslié és Cieux. Matth. ch. 18. v. 18.

32.

Que Dieu seul remet les pechez.

Contre ce qui est escrit.

Prenez le S. Esprit à quiconque vous pardonne-
rez

rez les pechez, ils seront pardonnez, & à quiconque
vous les retiendrez, ils seront retenus. Ioan. chap.
20.v.21.& 22.

33.

Qu'il n'y a point de Sacrement au Mariage.

Contre ce qui est escrit.

Ce Sacrement est grand, en Iesus-Christ, disie,
en l'Eglise. Eph. chap. 5.v.28.

34.

Qu'il ny à aucun homme qui soit iuste.

Contre ce qui est escrit.

Noé homme iuste & parfaict en son temps che-
mina auec Dieu. Gen. chap. 6.v.9.

Et Iosué n'outrepassa aucun des commandem
que Dieu auoit donné à Moyse. Ios. chapitre
v.15.

Et le cœur d'Aza estoit parfaict tous les iour
sa vie. Paralip. 2. chap 15.v.15.

Et en la terre de Hus y auoit vn personnage n
Iob, lequel estoit homme entier, craignant Dieu
se retirant du mal. Iob. chap. 1.v.1.

Et de Zacharie, & de Elizabeth. Ils estoient
deux iustes deuant Dieu, cheminans en tou
commandemens & iustifications du Seigneur.
chap. 1.v.6.

35.

Que chascun n'a pas son bon Ange gardien.

Contre ce qui est escrit.

Car ie vous dy que leurs Anges voyent tou
és cieux la face de Dieu mon Pere. Matth. cha
v.10.

C'est son Ange. Act. 12.v.15.

17.

36.

Que les actions & passions des Saincts ne seruent de rien à l'Eglise.

Contre ce qui est escrit.

Ie m'esiouis maintenant en mes souffrances pour vous, & accomplis ce qui manque aux passions de Iesus-Christ en ma chair pour son corps qui est l'Eglise. Col.chap.1.v.24.

37.

Que l'indulgence n'estoit point en vsage du temps des Apostres.

Contre ce qui est escrit.

De ma part i'ay pardonné quelque chose à qui i'ay pardonné, & l'ay faict à cause de vous en la personne de Iesus-Christ. 2.Cor.chap.2.v.10.

38.

Qu'il n'y a point d'Autel Euangelique.

Contre ce qui est escrit.

Nous auons vn Autel duquel n'ont puissance de manger ceux qui seruent au tabernacle. Heb. chap. 13.v.10.

39.

Qu'il n'y a point de coupe de consecration.

Contre ce qui est escrit.

Le Calice de benediction lequel nous benissons n'est-ce pas la communication du sang de Iesus-Christ? Cor.chap.11. v.16.

40.

Que les Apostres n'ont point sacrifié.

Contre ce qui est escrit.

Pendant qu'ils sacrifioient au Seigneur. Act. cha. v.2.

C

41

Qu'il n'y a point d'œuures meritoires, c'est à dire qui foient recompenfées de Dieu.

Contre ce qui eſt eſcrit.

Eſtouiſſez vous, & vous eſgayez, car voſtre re compenſe eſt abondante ſur les cieux, Matth. chap. 5.v.12.

Le fils de l'homme rendra à vn chaſcun ſelon ſe œuures. Matth.chap. 16.v.7.8.

Ce que l'homme aura ſemé, il le moiſſonnera auſſi Gal.ch.7.v.7.8.

I'ay combatu le bon combat, i'ay paracheué dourſe, i'ay gardé la foy: quant au reſte la couronn de Iuſtice m'eſt reſeruée, laquelle le Seigneur me r dra iuſte Iuge en ceſte iournée là, & non ſeulemen moy: mais auſſi à tous ceux qui auront aymé ſo apparition. à Tim. ch. 4.v.7.8.

Or voila ie viens bien-toſt, & mon ſalaire eſt au moy pour rendre à vn chaſcun ſelon ſes œuure Apoc.chap. 22.v.2.

42.

Que c'eſt blaſphemer de dire que l'homme puiſſe eſt digne du Royaume de Dieu.

Contre ce qui eſt eſcrit.

Ceux qui ſeróf faicts dignes d'obtenir ce ſie là. Luc.chap.20.v.35.

Que vous ſoyez eſtimez dignes du Royaume Dieu, pour lequel vous ſouffrez. Ad Theſſ.ch.2.v.

Dieu les a prouuez & les a trouuez dignes de ſo Sap.chap.30.v.5.

43.

Que l'abſtinence des viandes eſt vne ſuperſtition.

Coi

Contre ce qui est escrit.

Des Rechabites en Ieremie.ch.35.v.5.&6.

Iean auoit l'accoustrement de peau de chameau
& vne ceinture de cuir sur ses reins, sa viande estoit
de sauterelles & du miel sauuage, Matth.ch.3.v.4.

Il ne boira vin ne ceruoise, & sera remply du S.
Esprit dés le ventre de sa mere:Luc.ch.1.v.5.

44.

Que les Prestres,Religieux, & autres qui ont voué chas-
tic à Dieu se peuuent marier nonobstant leurs vœux.

Contre ce qui est escrit.

Quand tu auras faict vœu au Seigneur ton Dieu,
n'attends le l'endemain à le rendre, car Dieu le re-
cherchera de toy:& si tu tardes,cela te tournera à pe-
ché:que si tu crain de pecher ne promets plustost
point.Deut.chap.23.v.12.

Voüez & rendez au Seigneur vous tous qui vous
reflentez deuant sa face.Psal.75.v.12.

Ie te rendray les vœus que i'ay faict sortir de mes
leures.Ps.65.v.7.

45.

Que grace aucune n'est conferée par l'imposition des
mains.

Contre ce qui est escrit.

Ne vueilles negliger la grace qui est en toy,qui t'a
esté donnée par l'imposition des mains de prestrise.
1.Tim.chap.4.v.14.

Pour laquelle cause ie t'admoneste que tu excites
la grace de Dieu,qui est en toy, par l'imposition des
mains.2.Tim.chap.1.v.6.

46.

Que l'on peut prescher sans estre enuoyé.

Contre ce qui est escrit.
Comment prescheront ils, s'ils ne sont enuoyez
Rom.chap.10.v.15.

47.

*Que le Bigame, c'est à dire l'hôme qui a esté marié deux
fois puisse estre prestre ou ancien.*

Contre la parole de l'Apostre.

La cause pour laquelle ie t'ay laissé en Cete, est à
fin que tu poursuiues de dresser en bon ordre le
choses qui restent, & que tu establisses des Prestre
de ville en ville, ainsi que ie t'ay ordonné: à sça
voir s'il y à quelqu'vn qui soit irreprehensible, ma
d'vne seule femme, ayant enfans fideles, non accus
de dissolution, &c. Tite.chap.1.v.5.& 6.

48.

*Que l'homme qui se sepàre de sa legitime femme à ca
d'adultere en puisse espouser vn autre de son viuant.*

Contre ce qui est escrit.

Quant aux mariez ie leur commande, non po
moy, mais le Seigneur que la femme ne se despa
point du mary, & si elle s'en despart qu'elle deme
sans estre mariée, ou qu'elle se reconcilie au ma
pareillemét que le mary ne delaisse non plus sa fe
me. 1.Cor.c.7.v.10.& 11.

Quiconque delaissera sa femme & se marie
vne autre, il commet adultere, contre mary & se
rie à vn autre, elle cómet adultere. Marc.cha.10.

49.

Que l'Antechrist ne sera pas vn homme particulier.

Contre ce qui est escrit.

Que nul ne vous seduise en sorte que ce soit
ce iour là ne viendra point, que premierement ne

aduenue la reuolte, & que l'homme de peché ne soit reuelé : le fils de perdition qui s'esleue & s'oppose cô-tre tout ce qui est nômé Dieu 2. Thess. cha. 2. v. 3. 4. 8.

En l'Apocalipse son nom faict le nombre de six cens soixante six. Apoc. chap. 13. v. 18.

50.

Que le Pape soit l'Antechrist.

Contre ce qui est escrit.

Qui est menteur sinon celuy qui nie Iesus estre le Christ ? Celuy là est Antechrist qui nie le Pere & le fils. 1. Io. chap. 2. v. 22.

51.

Qu'il ne faut faire aucun estat de reliques.

Contre ce qui est escrit.

Du corps d'Elizée qui ressuscita vn mort au 4. des Roys chap. 13. v. 21.

De l'ombre de S. Pierre, aux Act. ch. 5. v. 15.

Des couurechefs & mouchoits de S. Paul. Act. ch. 9. v. 12.

52.

Que le feu ne tourmente point les dammez, & que toute peine consiste à estre priuez de la veüe de Dieu.

Contre ce qui est escrit.

Le ver d'iceux ne mourra point, & leur feu ne sera point esteinct. Es. ch. dernier v. 24.

Quel d'entre nous pourra seiourner auec le feu abrant ; quel d'entre nous pourra habiter auec les flâmes eternelles ? Es. ch. 33. v. 14.

Il bruslera la paille au feu qui ne s'esteindra point. Mat. chap. 3. v. 12.

Allez maudits au feu eternel, qui est preparé au diable & à ses anges. Mat. chap. 25. v. 41. Soustenans la peine du feu eternel. Iud. v. 7.

53.

*Que quiconque croit au Fils de Dieu, il est asseuré de son
salut.*

Contre ce qui est escrit.

Chacun qui dit Seigneur, Seigneur, n'entrera pas
au Royaume des Cieux; mais celuy qui faict la volonté de mon Pere qui est és cieux. Matth. ch. 7. v. 21.

54.

*Que chacun doit estre infalliblement asseuré de son salut,
& tenir qu'il est du nombre des predestinez.*

Contre ce qui est escrit.

Ie matte mon corps, & le reduy en seruitude, de
peur qu'ayant presché aux autres, ie ne sois moy-
mesme peut estre reprouué. 1. Cor. c. 9. v. 27.

Tu és debout par foy, ne t'esleue point, mais crains.
Car si Dieu n'a point espargné les branches natu-
relles, prens garde qu'il ne t'aduienne aussi qu'il
t'espargne point: regarde donc la benignité, & la
uerité de Dieu, Asçauoir la seuerité sur ceux qui sont
tresbuchez, & là benignité sur toy si tu perseue-
res en bonté, autrement tu seras aussi couppé. Rom. c.
12. v. 20. 23. & 44.

Operez vostre salut auec crainte & tremblement.
Phil. ch. 2. v. 12.

Fais diligence de te rendre approuué deuant Dieu.
2. à Timoth. ch. 2. v. 15.

L'homme ne sçait l'amour & la haine de tout ce
qui est deuant luy (ou selon la version commune,
L'homme ne sçait s'il est digne d'amour ou de haine.
Mais toutes choses sont gardées incertaines, iusques
au temps à venir. Sap. chap. 9. v. 1. & 2.

F I N.